COLLECTION FOISSY

COLLECTION FOISSY

CATALOGUE

DES

OBJETS D'ART

ET TABLEAUX

COMPOSANT

LA COLLECTION FOISSY

DONT LA VENTE AURA LIEU

A CHAUMONT (Haute-Marne)

Rue Gilbert-Dufour, n° 1

Les Lundi 16, Mardi 17 et Mercredi 18 Mars 1885

A 1 HEURE 1/2 DU SOIR

PAR LE MINISTÈRE DE Mᵉ BUROT, COMMISSAIRE-PRISEUR

EXPOSITION PUBLIQUE

Le Samedi 7 et le Dimanche 8 Mars 1885

DE 1 H. A 4 H. DU SOIR

POUR LES ÉTRANGERS A LA LOCALITÉ

Tous les jours à la même heure.

ORDRE DES VACATIONS

Lundi 16 Mars.

Porcelaines .... du n° 267 à 366

Mardi 17 Mars.

Tableaux............................ du n° 1 à 114

Mercredi 18 Mars.

Objets d'art et d'ameublement....... ... du n° 115 à 266

CONDITIONS DE LA VENTE

Elle sera faite au comptant.

Les acquéreurs paieront dix pour cent en sus des prix.

L'Exposition mettant les amateurs à même de se rendre compte de l'état des objets, il ne sera admis aucune réclamation une fois l'adjudication prononcée.

CHAUMONT. — TYPOGRAPHIE CAVANIOL.

HEURES DES TRAINS

Paris. — Belfort.

Paris (Dép.),	exp.,	8 h. 25 mat.	Chaumont (Arr.),	1 h. 02 du soir.
—	exp.,	8 h. 35 mat.	—	2 h. 01 du soir.
—	exp.,	8 h. 40 soir	—	minuit 52
—	poste,	9 h. 00 soir.	—	2 h. 13 du mat.

Belfort. — Paris.

Belfort (Dép.),	exp.,	10 h. 21 mat.	Chaumont (Arr.),	1 h. 51 du soir.
—	exp,	11 h. 49 mat.	—	3 h. 45 du soir.
—	poste,	7 h. 40 soir.	—	11 h. 43 du soir.
—	exp.,	11 h. 15 soir.	—	2 h. 17 du mat.
—	exp.,	11 h. 40 soir.	—	2 h. 42 du mat.

Reims. — Chalons. — Chaumont.

Reims (Dép.),	exp.,	8 h. 43 soir.	Chaumont (Arr.),	11 h. 47 du soir.
—		9 h. 12 mat.	—	2 h. 20 du soir.

Besançon. — Gray. — Chaumont.

Besançon (Départ),	8 h. 02 mat.	Chaumont (Arr.),	3 h. 45 du soir.
—	6 h. 43 soir.	—	11 h. 35 du soir.

Dijon. — Chaumont.

Dijon (Départ),	5 h. 40 mat.	Chaumont (Arr.),	9 h. 43 du mat.
—	9 h. 30 mat.	—	1 h. 30 du soir.
—	midi 22	—	4 h. 08 du soir.
—	6 h. 50 soir.	—	11 h. 43 du soir.

Nancy. — Neufchâteau. — Chaumont.

Nancy (Départ),	5 h. 58 mat.	Chaumont (Arr.).	11 h. 33 du mat.
—	10 h. 27 mat.	—	3 h. 24 du soir
—	1 h. 45 soir.	—	9 h. 20 du soir.
—	5 h. 27 soir.	—	11 h. 25 du soir.

Bar-sur-Seine. — Châtillon. — Chaumont.

Bar-s-Seine (Dép.).	3 h. 29 mat.	Chaumont (Arr.),	7 h. 40 du mat.
—	8 h. 39 mat.	—	midi 33
—	1 h. 03 soir.	—	7 h. 46 du soir.

HOTELS

Hôtel de l'Ecu et du Commerce.
Hôtel de France et des Postes.
Hôtel de la Banque.
Restaurant Leboule.

NOTICE

C'est avec une tristesse douloureuse que je viens de parcourir les pages de ce livret, car elles font revivre le cœur et l'esprit de l'ami que nous avons perdu. Ame d'élite s'il en fut, faite pour les arts, dévouée aux choses du goût le plus raffiné.

Mais c'est aussi avec un sentiment de légitime fierté pour mon pays que j'ai vu les numéros de ce catalogue nous redire, en leur succession, la fécondité de la terre haut-marnaise, ses facultés de création multiples, son ingéniosité dans les productions les plus variées.

Dans son sol de roc et de fer, si dur à celui qui

le cultive, les penseurs et les artistes semblent, en effet, avoir puisé, comme par surcroît, ces facultés maîtresses : le travail opiniâtre sûrement guidé par l'esprit toujours en quête de recherches, et la persévérance vers le but idéal.

Il nous a donné des savants que l'on a pu, à juste titre, nommer des bienfaiteurs de l'humanité : Philippe Lebon, par exemple ; des penseurs, des philosophes ; entre tous : Diderot. Nous ne parlerons pas de ses hommes de guerre. Mais il a nourri des légistes, des littérateurs, des artistes dont les noms sont encore au temple de mémoire. Ceux-là avaient pu s'approcher de la Ville qui met en valeur, de Paris, où l'on devient quelqu'un quand on est quelque chose.

A côté de ces privilégiés de la fortune, combien d'autres dont le nom est inconnu. Le temps les a oubliés. Leur vie est lettre morte. Tous, confondus sous cette même rubrique : artisans.

Et cependant, ils avaient le talent qui féconde, le génie qui crée. — Mais ils étaient rivés, sans doute, à la nécessité de la vie. Trop fiers, peut-être aussi, pour se plier aux courtisaneries à la mode, pour se faire un tremplin de la faveur des grands et accepter une gloire asservie, une fortune mercenaire.

Et ils sont restés *maçons*, ces grands architectes auxquels nous devons l'église Saint-Jean-Baptiste, avec son portail des baptêmes, son escalier à jour, et cette merveille : le sépulcre.

Où sont les noms des *potiers* qui ont illustré la vieille faïencerie d'Aprey ?

Et, à part Bouchardon, combien en connaissons-nous de ces *menuisiers* qui bâtissaient ces buffets, ces crédences, ces bahuts, aux lignes si pures et si hardies, fouillant le bois d'un ciseau assuré, le découpant en volutes gracieuses, en arabesques aux mille caprices, le pétrissant pour ainsi dire comme le sculpteur pétrit la glaise ?

Disparus.

Et si nous gardons la notion de leurs travaux, ce n'est que grâce à des chercheurs qui, comme Foissy, en ont ravi quelques restes aux pourritures des granges, aux moisissures des greniers.

Telle a été l'œuvre de Foissy : remettre en lumière des beautés perdues ; les réunir, les grouper, leur redonner une place d'honneur. Et, demain, au poids de l'or, les plus riches collections se disputeront ces nobles spécimens de l'art de nos ancêtres.

C'était la caractéristique de sa nature : subir la séduction du beau. Qui donc a dit qu'en amour il y a toujours un esclave et un dieu? L'art était Dieu. Foissy le servait, avec passion.

Tout jeune, il avait pris l'initiative de fonder, à Chaumont, une Société dramatique. Dans nos provinces, on s'inquiète peu des satisfactions de l'esprit; on ne leur garde que trop souvent une indifférence coupable. En collaboration avec quelques amis, il avait tenté de réagir.

Le succès couronna ses efforts. Aux applaudissements unanimes, des soirées fécondes se succédèrent. — L'âge vint à Foissy, avec d'autres soins. Son initiative ne fut pas suivie. On ne trouve pas tous les jours de vrais talents que seconde un dévouement absolu.

En littérature, Foissy nous a laissé la matière d'un volume de poésies pleines de verve entraînante et d'esprit de bonne marque. Il y a là, pour ses amis, un devoir pieux à remplir. Ils doivent au public ces chansons animées, ces satires, ces descriptions si gracieusement ciselées, que la modestie de leur auteur ne livrait qu'aux intimes.

Un jour, Foissy voulut goûter aux fruits amers de la politique. — Lui, dont le cœur était plein de délicatesses, quelle erreur! — L'expérience fut de courte durée. Mais s'il déserta, au plus vite, les luttes violentes, les polémiques acerbes, il n'en resta pas moins à l'*Union*, taillant ces fins portraits haut-marnais, ces spirituelles fantaisies dont aucune signature ne révélait la paternité, mais qui portaient une marque de fabrique que n'hésitait pas à saisir le lecteur le moins disert.

A son esprit, toujours prêt à excuser la faute, toujours enclin à la conciliation, il fallait un aliment. Il y a de cela vingt ans, Foissy fut nommé juge de paix. Et le maire de Vignory nous a dit, l'autre jour, sur la tombe qui se fermait, le souvenir d'affectueuse reconnaissance que le canton avait gardé de cette magistrature.

Foissy, avait choisi, pour occuper le poste d'honneur qu'on lui confiait, le beau canton de Vignory; — au point de vue pittoresque, une des perles de la Haute-Marne.

Tout autour de sa résidence, un cadre magnifique. C'est, un peu au nord, Gourzon, — Gorthona, la défense de sanglier, — la vieille cité celtique sur laquelle s'est greffée la cité gallo-romaine; aujourd'hui, un petit village, mais une terre pleine de ces grands débris que le laboureur, comme le laboureur du poëte latin, songeur et tout ému, retourne à chaque coup de bêche.

Ici, Joinville, avec son vieux château, ses puissants seigneurs, ses vieilles légendes.

Plus bas, Bologne, encore une station romaine.

Et de côté et d'autres, dans les gorges profondes que creusent les collines boisées où jaillit, avec un bruit argentin, une eau plus limpide que le cristal, les traces des monastères et de la vie laborieuse des moines soldats et laboureurs, lettrés et savants.

Au milieu, la côte de Vignory qui s'avance comme une proue de navire dans la vallée étroite, couronnée de son vieux château-fort. Vignory, cité romaine, puis forteresse de granit vaillamment gardée par de rudes barons, au moyen-âge, grands chasseurs d'hommes et de bêtes fauves. Et, des deux côtés de l'éperon : la ville, dont les vestiges apparaissent encore à fleur de sol et dont il ne reste plus qu'une population décimée autour d'un bijou : l'église, du plus grand style roman.

C'est en face de ce monument que Foissy avait choisi sa demeure et c'est sur le sommet de la côte, là où se dresse encore une vieille tour, souvenir de la forteresse disparue, que les lierres soutiennent à miracle, qu'il avait cherché, à l'ombre des grands chênes, le lieu de ses repos et des causeries où il conviait ses amis.

Dans ce cadre, cet homme de bien a vécu ; dans

ce milieu il a recueilli toutes ces trouvailles pour la dernière fois groupées. — Pourquoi faut-il que la vente de demain les éparpille, et que le département ou la ville ne puissent les déposer dans un de nos musées?

Et, comme toutes ces choses il les entourait d'un soin jaloux. Expert à retracer l'époque qui avait vu naître le chef-d'œuvre, à nous montrer la vie de celui qui l'avait conçu, et qu'un servage brutal courbait d'autant plus que, dans son âme ouverte à la notion du beau, il avait par contre la notion de la liberté.

D'autres ont créé. Foissy a retrouvé.

C'est là véritablement aussi une création.

Et voilà pourquoi si nous n'avions, personnellement, connu son cœur généreux, son âme artiste, nous n'en saluerions pas moins respectueusement sa mémoire.

H. Cavaniol.

TABLEAUX ANCIENS ET MODERNES

TABLEAUX ANCIENS ET MODERNES

DÉSIGNATION

H. GUIOT (d'après ZIÉGLER)

1. — *L'Imagination.*

Figure allégorique de grandeur naturelle.

Toile. Haut., 1 m. 28 cent. ; larg., 1 m.
Cadre en bois sculpté.

DESPORTES (attribué à FRANÇOIS)

DEUX PENDANTS

2-3. — *Chiens gardant du gibier.*

Toiles. Haut., 1 m. 37 cent.; larg., 1 m. 01 cent.
Cadres en bois sculpté.

BOURDON (Sébastien)

4. — *Portrait d'un artiste.*

Portant un large vêtement blanc ; assis, vu à mi-corps, appuyé sur son bras droit ; la tête de trois quarts, regardant vers la droite ; cheveux châtains bouclés, tombant sur les épaules.

Toile. Haut., 80 cent. ; larg., 62 cent.
Cadre en bois sculpté.

FLINCK (Govaert)

5. — *Portrait d'homme.*

Vu à mi-corps, assis, accoudé sur son bras droit ; coiffé d'une toque avec plume blanche ; couvert d'un vêtement violacé à larges manches.

Toile. Haut., 85 cent. ; larg. 70 cent.
Cadre en bois sculpté.

ECOLE FRANÇAISE (XVIIIe siècle)

6. — *Portrait d'une femme âgée.*

Elle tient un livre.

Toile. Haut., 73 cent.; larg. 58 cent.
Cadre en bois sculpté.

ECOLE HOLLANDAISE

7. — *Ecoliers buvant et fumant.*

PENDANT DU PRÉCÉDENT

8. — *Ecoliers jouant aux cartes.*

Toiles. Haut., 85 cent.; larg., 1 m. 10 cent.
Cadres en bois sculpté.

ECOLE FRANÇAISE (XVIIIe siècle)

PENDANT DU N° 6

9. — *Portrait d'homme.*

Toile. Haut., 73 cent.; larg., 58 cent.
Cadre en bois sculpté.

JEAURAT (genre de)

10. — *Cordonnier et jeune fille.*

Toile, Haut., 63 cent.; larg., 50 cent.
Cadre en bois sculpté.

MIGNARD (d'après)

11. — *Portrait en buste du roi Louis XIV.*

Toile ovale. Haut., 40 cent.; larg., 31 cent.
Cadre en bois sculpté.

STELLA (Jacques)

12. — *Jésus-Christ au Jardin des Oliviers.*

Visité par un ange qui lui montre le calice ; au second plan, les disciples endormis.

Peinture sur bois. Haut., 40 cent.; larg., 30 cent.

WEENIX (attribué à J. B.)

13. — *Château seigneurial.*

Au bord d'une rivière. Au centre, des bateaux marchands et des pêcheurs dans leurs canots.

Peinture sur bois, avec le monogramme de l'artiste dans le bas à gauche.

Haut., 54 cent,; larg., 48 cent.

MAES (A. P. V.)

14. — *Vue de Hollande.*

A gauche, un château avec pont-levis ; au premier plan, des villageois et des enfants patinent sur un cours d'eau glacé. (Signé à droite.)

Peinture sur bois. Haut., 54 cent.; larg., 48 cent.

CORRÈGE (d'après le)

15. — *Sainte Madeleine.*

Toile. Haut., 44 cent.; larg., 36 cent.

LE BRUN (d'après CHARLES)

16. — *La Vierge et l'Enfant Jésus.*

Bois. Haut., 33 cent.; larg., 25 cent.

DYCK (d'après ANTOINE VAN)

17. — *La Sainte Famille.*

Peinture sur cuivre.

PETIT (V.)

18. — *Vue prise au bord du golfe de Naples.*

TENIERS (le père)

19. — *Paysage (effet de neige).*

Au premier plan, des villageois sont occupés à tuer un porc.

Toile. Haut., 50 cent.; larg., 57 cent.

INCONNU

20. — *Moine en prière.*

Peinture ovale sur bois. Haut., 35 cent.; larg , 28 cent.
Cadre en bois sculpté.

PENDANT DU PRÉCÉDENT

21. — *Sainte Madeleine.*

INCONNU

22. — *La Vierge et l'Enfant Jésus.*

Peinture ovale. Haut. 35 cent.; larg., 28 cent,
Cadre en bois sculpté.

DOMINIQUIN

23. — *Des anges portant les attributs de la Passion.*

Toile. Haut., 23 cent.; larg., 38 cent.

ECOLE HOLLANDAISE

24. — *Paysage avec ruines et personnages.*

Toile. Haut., 62 cent.; larg., 55 cent.

MEULEN (d'après VAN DER)

25. — *Choc de cavalerie.*

Bois. Haut., 40 cent.; larg., 70 cent.

GREUZE (d'après J. B.)

26. — *Petite fille vue en buste.*

Toile. Haut., 39 cent.; larg., 31 cent.
Cadre en bois sculpté.

BASSAN (d'après le)

27. — *Bergers occupés à tondre leurs moutons.*

Bois. Haut., 40 cent.; larg., 30 cent.
Cadre en bois sculpté.

MIGNARD (d'après)

28. — *Portrait d'une dame du temps de Louis XIV.*

Toile ovale. Haut. 40 cent.; larg., 30 cent.
Cadre en bois sculpté.

LARGILLIÈRE (d'après N. de)

29. — *Portrait d'homme.*

Toile ovale. Haut., 72 cent.; larg., 58 cent.
Cadre en bois sculpté.

ECOLE ITALIENNE

30. — *Judith à sa toilette.*

Toile. Haut., 1 m. 30 cent ; larg., 1 m. 20 cent.

BASSAN (Jacques)

31. — *Jésus-Christ insulté par ses bourreaux et couronné d'épines.*

Toile. Haut., 50 cent.; larg., 65 cent.
Cadre en bois sculpté.

ECOLE FRANÇAISE

32. — *Le Christ en croix, entouré d'anges.*

Au pied de la croix, la Vierge et les saintes femmes qui l'accompagnent.

Toile. Haut. 60 cent.; larg., 47 cent.
Cadre en bois sculpté.

ECOLE FRANÇAISE

33. — *La Marchande de poissons.*

Toile. Haut., 38 cent.; larg., 32 cent.

VENIUS (attribué à Otto)

34. — *Sainte Ursule.*

Bois. Haut., 36 cent.; larg., 30 cent.

LERICHE (attribué à)

35. — *Fleurs dans un vase posé sur une console de pierre.*

Toile. Haut., 70 cent.; larg., 55 cent.
Cadre en bois sculpté.

LEBRUN (attribué à Charles)

36. — *Ecce homo.*

Toile ovale. Haut., 35 cent.; larg., 25 cent.
Cadre en bois sculpté.

PENDANT DU PRÉCÉDENT

37. — *La Vierge.*

ECOLE FRANÇAISE

38. — *Portrait d'homme du temps de Louis XIV.*

Toile ovale. Haut., 65 cent.; larg., 58 cent.
Cadre en bois sculpté.

ECOLE FLAMANDE

39. — *L'Enfant Jésus portant les instruments de son supplice.*

Cuivre. Haut., 20 cent ; larg., 17 cent.
Cadre en bois sculpté.

INCONNU

40. — *Saint Jacques Mineur.*

Bois. Haut., 21 cent.; larg., 18 cent.
Cadre en bois sculpté.

GUIDO RENI (d'après)

41. — *Le Christ en prière.*

Toile. Haut., 20 cent.; larg., 16 cent.
Cadre en bois sculpté.

DESPORTES (François)

42. — *Portrait présumé de l'artiste en costume de chasse.*

Esquisse.

Toile. Haut., 20 cent.; larg., 17 cent.
Cadre en bois sculpté.

ECOLE ITALIENNE

43. — *Le Christ couronné d'épines*

Cuivre. Haut., 16 cent.; larg., 12 cent.

ECOLE FRANÇAISE

44. — *Portrait de Fénelon.*

Toile. Haut., 80 cent.; larg., 60 cent.
Baguette bois sculpté.

ECOLE FRANÇAISE

45. — *Portrait de femme du temps de Louis XIV.*

Toile ovale. Haut., 65 cent.; larg., 55 cent.
Cadre en bois sculpté.

ECOLE FRANÇAISE

46. — *Portrait d'un seigneur du temps de Louis XIV.*

Toile. Haut., 80 cent.; larg., 65 cent.
Cadre en bois sculpté.

DE TROY (attribué à F.)

47. — *Portrait de femme.*

Toile. Haut., 70 cent.; larg., 55 cent.
Cadre en bois sculpté.

REGNAULT (attribué à)

48. — *Jupiter et Calisto.*

Toile. Haut., 55 cent.; larg., 70 cent.
Cadre en bois sculpté.

RIBÉRA (d'après)

49. — *Un philosophe,*

Toile. Haut., 34 cent,; larg., 26 cent.

BOUCHER (d'après F.)

DEUX PENDANTS

50-51. — *Vénus et ses Colombes. — Baigneuse sortant du bain.*

Toiles. Haut., 1 m. 16 cent.; larg., 90 cent.

REMBRANDT (d'après)

52. — *Portrait du Maître.*

Toile. Haut., 70 cent.; larg., 6 cent.

PRUD'HON (d'après)

53. — *Le Zéphyr qui se balance.*

Toile. Haut., 1 m. 26 cent.; larg., 95 cent.

FRANCK

54. — *Tête d'homme.*

Bois. Haut., 23 cent.; larg., 20 cent.
Cadre en bois sculpté.

LAMI (attribué à EUGÈNE)

55. — *Femmes assises.*

Bois. Haut., 10 cent.; larg , 18 cent.

ÉCOLE MODERNE

56. — *Jésus mis au tombeau.*

INCONNU

57. — *Tête d'homme.*

Bois. Haut., 25 cent.; larg., 20 cent.

FRANCK

58. — *Le sacrifice d'Abraham.*

Cuivre. Haut., 20 cent.; larg., 18 cent.
Cadre en bois sculpté.

LANCRET (attribué à)

59. — *Le repos dans le parc.*

Quatre personnages groupés auprès d'un arbre.

Toile. Haut., 63 cent.; larg., 55 cent.

QUENTIN MATSIS (d'après)

60. — *Le philosophe à la tête de mort.*

Bois. Haut., 67 cent.; larg., 55 cent.

ECOLE ERANÇAISE

61. — *Portrait d'homme.*

Il tient une lettre.

Toile. Haut., 80 cent.;
Cadre en bois sculpté.

ECOLE ALLEMANDE

62-63. — *Deux philosophes.*

Toiles ovales.

INCONNU

64. — *Chevaux à l'abreuvoir.*

Toile. Haut., 28 cent.; larg., 40 cent.

FRANCK

65. — *Sainte Madeleine en prière.*

Cuivre. Haut., 35 cent.; larg., 26 cent.
Cadre en bois sculpté.

ECOLE MODERNE

66. — *Plage avec pêcheurs.*

Toile. Haut., 19 cent.; larg., 32 cent.
Cadre en bois sculpté.

ETEX (d'après)

67. — *Le premier meurtre.*

Toile. Haut., 24 cent.; larg., 32 cent.

RUBENS (d'après)

68. — *Portrait du baron de Vicq.*

Toile. Haut., 70 cent.; larg., 55 cent.

GREUZE (d'après J. B.)

69. — *Portrait de jeune garçon.*

Toile. Haut., 37 cent.; larg., 32 cent.
Cadre en bois sculpté.

INCONNU

70. — *Vue d'Italie.*

Toile. Haut., 30 cent.; larg.; 35 cent.

TASSEL

71. — *Saint Jean.*

Toile. Haut., 70 cent ; larg., 65 cent.

ECOLE FRANÇAISE

72. — *Portrait d'homme du Directoire.*

Toile ovale. Haut., 70 cent.; larg., 60.

VERNET (d'après J.)

73. — *Marine avec pêcheurs au premier plan.*

ECOLE HOLLANDAISE

74. — *Paysage avec bâtiments en ruine.*

Bois. Haut., 13 cent.; larg., 30 cent.

ECOLE FRANÇAISE

75. — *Portrait d'homme.*

Toile ovale.

ECOLE FRANÇAISE

76. — *Portrait d'homme du temps de Louis XIV.*

77. — *Un pélerin.*

TENIERS (d'après)

78. — *Le Savetier.*

ECOLE ESPAGNOLE

79. — *Sujet religieux.*

Entouré d'une guirlande de fleurs.

Toile. Haut., 63 cent.; larg., 80 cent.

79 bis. — *Le chirurgien de village.*

Cadre en bois sculpté. Haut., 45 cent.; larg.. 36.

RAOUX (attribué à)

80. — *Bergère poursuivant un jeune homme qui porte des fleurs.*

Toile. Haut., 94 cent.; larg. 1 m. 25 cent.

SNAYERS (genre de)

81. — *Attaque de brigands.*

Toile. Haut. 65 cent.; larg., 97 cent.

ECOLE FRANÇAISE

82. — *Portrait de femme.*

Toile ovale.

ECOLE FRANÇAISE

83. — *Enlèvement de Proserpine.*

Toile. Haut., 83 cent.; larg., 1 m. 02 cent.

PANINI (genre de)

84. — *Monuments en ruine.*

Toile. Haut., 72 cent.; larg., 90 cent.

SNYDERS (genre de)

85. — *Fruits et natures mortes sur une table.*

Toile. Haut., 1 m. 45 cent.; larg. 2 m. 40 cent.

QUATRE TOILES

85 bis. — *Portraits et sujets.*

MOREAU (Louis)

DEUX PENDANTS

86. — *Paysage rocheux coupé par un cours d'eau.*

87. — *Paysage (effet d'orage).*

Belles gouaches, signées du monogramme.

INCONNU

88-89-90. — *Trois paysages.*

Gouaches.

91. — *La Vierge et l'Enfant Jésus.*

Miniature sur Vélin.
Dans un cadre en bois sculpté.

ECOLE MODERNE

92. — *Vue d'une vieille ville.*

Aquarelle.

H. GUIOT

93-94-95-96. — *Les quatre ducs de Guise.*

Aquarelles, d'après les peintures qui sont à l'hospice de Joinville (Haute-Marne).

MIDI (aquarelle par)

97. — *Les fiancés.*

GRAVURES

DROUAIS (d'après)

98. — *Portrait de Bouchardon.*

Cadre en bois sculpté.

99. — *Portrait de Diderot.*

Cadre en bois sculpté.

DUPLESSIS (gravure en couleur d'après)

100. — *Portrait de Necker.*

101. — *Portrait de Louis XVI.*

102. — *Jeune garçon.*

Eau-forte.

JINGOUF (d'après)

103. — *Portrait de Denis Dechanet Desessarts.*

GILLOT (d'après)

104. — *Portrait de Claude Gillot.*

Gravé par Aveline.

105. — *Portrait du roi Louis-Philippe.*

DURER (d'après ALBERT)

106. — *Nymphe et fleuve.*

107. — *Le fils de Rubens.*

GREUZE (d'après J. B.)

108. — *La fileuse.*

DYCK (d'après VAN)

109. — *Les enfants de Charles Ier.*

DESSINS

110. — *Portrait de Petitôt.*

Mine de plomb.

111. — *Portrait de P.-L. Bouchardon.*

Mine de plomb.

ALEZ

112. — *Marine (effet de clair de lune.)*

113. — *Portrait d'Edme Bouchardon.*

Fac-simile.

HILAIR

114. — *La paysanne endormie.*

Dessin à la Sépia.

OBJETS D'ART ET D'AMEUBLEMENT

OBJETS D'ART

D'AMEUBLEMENT

BRONZE

110. — [illegible] en bronze, [illegible]. Haut. [illegible] [illegible] [illegible] [illegible] [illegible] [illegible] [illegible] [illegible] [illegible] [illegible] [illegible] [illegible] (Musée [illegible]).

[illegible]

PENDULES

111. — Pendule Louis XVI, [illegible] de forme peu commune [illegible] [illegible] de [illegible] [illegible] partie de bronzes sur la face du dessous du cadran les figures des trois Parques.

112. — Pendule Louis XV, [illegible] [illegible] [illegible] de cuivre [illegible] [illegible] de bronze. Elle est surmontée d'un coq.

OBJETS D'ART

ET

D'AMEUBLEMENT

BRONZE

115. — **Médaillon en bronze par G. Dupré.** Henri IV donnant la main à Marie de Médicis. Entre les deux figures principales un enfant debout portant un carquois et posant le pied sur un dauphin, à l'exergue *Propago Imperii.*

Diam., 18 cent. Cadre carré en bois sculpté et doré.

PENDULES

116. — **Pendule Louis XIV**, modèle riche peu commun, avec sa console en marqueterie de cuivre et écaille garnie de bronze, sur la face au-dessous du cadran les figures des trois Parques.

117. — **Pendule Louis XIV**, forme droite, en marqueterie de cuivre et écaille noire garnie de bronze. Elle est surmontée d'un coq.

118. — PENDULE LOUIS XIV, forme borne, plaquée d'écaille de l'Inde et garnie de quelques ornements de bronze.

Mouvement de *Gaudron*, à Paris.

119. — PENDULE LOUIS XIV, grande sonnerie, cage en bois peint; moulures dorées, socle de suspension de même travail.

120. — PENDULE RELIGIEUSE avec socle en marqueterie de cuivre et d'écaille et à pilastres surmontés de chapiteaux corinthiens. Le cadran est supporté par une figure du Temps en bronze.

Mouvement d'*Anthoine Godins*, à Paris.

121. — CARTEL LOUIS XVI, en bronze, modèle à vase, festons de laurier, mascaron et rubans.

122. — PENDULE LOUIS XIV, en marqueterie de cuivre et écaille garnie de bronze et avec cadran à cartouches.

Le mouvement manque.

GLACES

123. — GRANDE GLACE LOUIS XIV, à fronton, avec encadrement en bois sculpté et doré à mascaron, coquilles et ornements variés.

Haut., 2 m. 10 cent.; larg., 1 m. 10 cent.

124. — MIROIR LOUIS XIII, à fronton, avec cadre en cuivre repoussé et bois.

125. — GLACE LOUIS XV, avec cadre en bois sculpté et doré, à ornements et branches de feuillages.

Haut., 1 m. 45 cent.; larg., 90 cent.

126. — GLACE LOUIS XIV, à fronton, avec encadrement en bois sculpté et doré.

Haut., 1 m. 68 cent.; larg., 80 cent.

127. — PETITE GLACE, avec cadre à fronton du temps de Louis XIV, en bois sculpté et doré.

128. — GLACE, avec encadrement de glace et moulures en bois sculpté peint en gris et écoinçons découpés. Epoque Louis XIV.

129. — GLACE, avec cadre en bois sculpté et doré du temps de Louis XIV, modèle à feuilles et torsades.

130. — PETIT MIROIR, à fronton, avec cadre en bois sculpté et doré du temps de Louis XIV.

MEUBLES

131. — CABINET LOUIS XIII, ébène gravé et sculpté avec tabernacle en marqueterie à l'intérieur et portes décorées de bas-reliefs représentant la crèche et l'adoration des Rois Mages. Il repose sur une table à tiroirs et à six colonnes torses.

Haut., 1 m. 65 cent.; larg., 1 m. 40 cent.

132. — Cabinet Louis XIII, poirier teint, gravé, à vases et corbeilles de fleurs avec quatre pieds tournés, reliés par un entre-jambes.

Haut., 1 m. 65 cent.; larg., 1 m. 25 cent.

133. — Cabinet a tiroirs Louis XIII, en écaille rouge incrusté d'ivoire, à oiseaux et branches de fleurs; il est posé sur une table du même travail dont les pieds sont ornés de cannelures simulées.

Haut., 1 m. 30 cent.; larg., 1 m.

134. — Petit Cabinet laqué et burgauté; une partie de ses garnitures de cuivre manque; — ancien travail chinois.

135. — Bureau a cylindre Louis XV, marqueterie bois de rose, fleurs et trophée de musique.

136. — Meuble Renaissance, à deux corps en bois de noyer, le corps supérieur est orné de cariatides, et les portes de têtes de lions; le corps inférieur est décoré de pilastres godronnés.

Haut., 1 m. 54 cent.; larg., 1 m. 05 cent.

137. — Crédence Louis XII, en bois de chêne sculpté en bas relief, à têtes de guerriers, têtes de femmes et ornements.

Les angles sont ornés de balustres.

Haut., 1 m. 80 cent.; larg., 1 m. 05 cent.

138. — Meuble Henri II, en bois de noyer sculpté avec colonnettes garnies de lierre et portes à mascarons saillants.

Haut., 75 cent.; larg., 1 m.

139. — Meuble Henri II, en bois de noyer sculpté, à cariatides, portes et moulures sculptées, à mascarons et ornements.

Belle conservation.

Haut., 1 m.; larg., 1 m. 10 cent.

140. — Toilette Louis XV, bois de rose avec glace à l'intérieur.

141. — Couchette Louis XV, en bois de chêne sculpté, à ornements rocaille, dorés, tendue de damas, ruelle fermée.

142. — Couchette Louis XVI, en bois peint.

123. — Grande Console Louis XIV, à quatre pieds reliés par un entre-jambes, en bois sculpté et à dessus de marbre rouge de Languedoc.

Haut., 1 m. 20 cent.

144. — Petite Console, en bois sculpté et doré, Louis XV, à ornements rocaille et fleurs, marbre rouge de Flandres.

Haut., 98 cent.

145. — Grande Console Louis XV, en bois sculpté et peint en blanc, à ornements rocaille, coquilles et fleurs ; dessus en marbre rouge du Languedoc.

146. — Commode ancienne Louis XV, bombée avec poignées et ornements en cuivre aux angles, en marqueterie à fleurs.

Dessus de marbre.

147. — Commode analogue à celle qui précède.

148. — Commode Louis XV, en laque de Coromandel sur fond noir, marbre blanc et cuivres aux angles.

149. — Commode Louis XVI, forme droite, en marqueterie de bois.

150. — Commode, en bois de placage, avec poignées et entrées de serrures en bronze.

151. — Commode Louis XVI, en marqueterie de bois avec marbre.

152. — Commode, à deux rangs de tiroirs, en bois de rose, garnie de bronze, rocaille, et à dessus de marbre.

153. — Table, en noyer, à tiroir et à pieds tords reliés par un entre-jambe. Epoque Louis XIII.

154. — Table, à pieds et croisillons tournés, ces derniers surmontés de vases. (Même époque.)

155. — Grande Table, en bois de chêne à pieds tords et rosaces sculptées.

156. — Bas de Meuble, en chêne, panneaux anciens, sculptés, Renaissance.

157. — Petit Coffre, en chêne sculpté.

158-159-160. — Devants de Bahuts, Renaissance, sculptés à ornements.

161. — DEVANT DE BAHUT, Renaissance, en bois de noyer, sculpté à mascarons et ornements.

161 *bis*. — COFFRE en chêne sculpté.

162. — COFFRE, style gothique, XVe siècle, enrichi de fleurs de lys.

163. — BUFFET, Renaissance, en noyer avec colonnettes torses appliquées.

164. — BAHUT en bois sculpté, du XVIe siècle.

165. — DEVANT DE COFFRE, en chêne sculpté, à arceaux et ornements.

165 *bis*. — DEVANT DE COFFRE, en chêne sculpté.

166-167. — DEUX PANNEAUX, en hauteur, en bois de chêne sculpté à branches de vigne et raisins.

168. — TROIS PANNEAUX, en bois de chêne sculpté, à ornements gothiques, avec armoiries de France et de Bretagne.

169. — TROIS PANNEAUX étroits, en bois sculpté à arceaux gothiques.

170. — DEUX PANNEAUX ET UNE TRAVERSE en bois sculpté à ornements.

171. — DEUX PANNEAUX sculptés à fleurs et ornements.

172. — Deux Panneaux sculptés à cartouche, mascaron et palmette.

173. — Un Cadre en bois sculpté à feuilles (démonté).

174. — Une Traverse et trois Panneaux sculptés à figure et ornements.

175. — Panneau bois sculpté et doré, provenant d'un rétable du XVIe siècle.
Un moine portique.

176-177-178-179. — Six Statuettes en bois sculpté, dont quatre rehaussées de peinture et de dorure.

179 *bis*. — Devant de Coffre Renaissance en bois sculpté.

180. — Un Coffre Renaissance composé de panneaux décorés de rinceaux et de cannelures.

181. — Sept Chaises et un Fauteuil Louis XV en bois sculpté et peint, fonds en canne.

182. — Deux Chaises analogues à celles qui précèdent.

183. — Fauteuil Louis XV en bois sculpté, couvert en tapisserie au point.

184. — Fauteuil Louis XV en bois sculpté, couvert en damas rouge.

185. — Fauteuil Louis XIV en bois de chêne avec tapisserie au point.

186. — Fauteuil Louis XIII couvert en tapisserie au point.

187. — Un bois de Fauteuil Louis XVI.

188. — Cinq Fauteuils Louis XV en bois sculpté, couverts en velours grenat.

189. — Quatre Chaises Louis XV analogues aux fauteuils qui précèdent.

190. — Deux grandes Chaises Louis XV en bois sculpté, couvertes en velours grenat.

191. — Deux Chaises Louis XIV en bois sculpté.

192. — Fauteuil Louis XIII en noyer sculpté avec bras ornés de marguerites.

193-194. — Deux Guéridons ou petites torchères, les pieds en bois tourné.

195. — Petite Console de suspension du temps de Louis XV en bois doré à volutes et guirlandes de fleurs.

196. — Deux autres petites Consoles Louis XV en bois doré.

197. — Petite Console Louis XIV en bois doré de modèle analogue.

198. — Bas Relief rond, sculpté sur bois de chêne, représentant un sujet religieux.

199. — Un lot de vieux cadres et fronton en bois sculpté.

CURIOSITÉS

200. — Fourchette Louis XIII à manche en os avec appliques.

201. — Rape a Tabac en ivoire sculpté en relief, à figure de buveur et corbeille de fruits.

202. — Poire a Poudre en corne de cerf gravée.

203. — Boite a Jeux en marqueterie de bois et ivoire portant la date de 1767.

204. — Boite Ronde en bois de fruitier sculpté, à rosace et ornements, époque Louis XIV.

205. — Etui Cylindrique en bois sculpté.

206. — Plat du xve siècle en cuivre repoussé à vase et cariatides.

207. — Autre Plat de même travail avec godrons saillants.

208. — Deux Assiettes en étain avec armoiries gravées.

209. — Un Plat long en étain à bords à contours.

210. — Vierge et l'Enfant Jésus en bas relief, avec cadre en mosaïque de paille.

211. — Montre en argent, portant divers emblèmes franc-maçoniques.

212. — Montre du temps de Louis XIV en cuivre gravé avec cadran à cartouches.

213. — Bénitier en argent repoussé à fleurs et oiseaux et découpé à jour.

214. — Bénitier en cuivre jaune repoussé.

215. — Deux Emaux de Limoges de forme ronde, peints en couleurs XVIe siècle.

Saint-Pierre et Saint-Jacob. Cadres dorés.

216. — Statuette de Vierge en bois, elle porte l'enfant Jésus sur son bras gauche, XVIIe siècle.

217. — Les Quatre Saisons, statuettes en sapin, de travail allemand, accompagnées de quatre consoles finement sculptées.

218. — Bas-relief, sans fond en bois découpé, il représente l'enfant Jésus et le petit saint Jean, XVIIe siècle.

219. — Coffre fort en bois de rose garni d'ornements en cuivre découpé, époque Louis XIV.

FLAMBEAUX & APPLIQUES

220. — Deux grands Flambeaux Louis XV en cuivre, modèle rocaille.

221. — Deux Flambeaux Louis XIV en cuivre argenté, avec tige à balustre et pied à côtes en spirale.

222. — Deux Girandoles à deux lumières en plaqué.

223-224. — Deux paires de Flambeaux en cuivre argenté du temps de Louis XIV.

225. — Deux Flambeaux de même époque en cuivre gravé.

226. — Deux Flambeaux en cuivre jaune du temps de Louis XIV.

227. — Deux Flambeaux en cuivre jaune tourné.

228. — Deux Flambeaux Louis XIV, en cuivre jaune pieds et tiges à pans.

229. — Deux Flambeaux en cuivre à tige cannelée.

230. — Flambeau Louis XIV, en cuivre argenté à tige triangulaire.

231. — Flambeau Louis XV en cuivre jaune à tige à balustre cannelé.

232. — DEUX BRAS-APPLIQUES à deux lumières à feuillages en fer blanc peint et fleurs de porcelaine, époque Louis XV.

233. — DEUX BRAS analogues à ceux qui précèdent, l'un d'eux est incomplet.

234. — DEUX AUTRES BRAS de même travail mais plus petits.

235. — DEUX BRAS APPLIQUES du temps de Louis XV, à deux lumières, modèle rocaille en bronze doré.

TAPISSERIES

236. — GRANDE TAPISSERIE DE FLANDRES, paysage avec petites figures en costume Louis XIV. Bordure de fleurs et de fruits.

Haut. 3 m.; larg., 4 m. 60 cent.

237. — PETITE TAPISSERIE, verdure et oiseaux avec bordure de fleurs et rubans.

Haut. 2 m. 70 cent.; larg. 2 m.

238. — LOT de diverses bandes de tapisserie à fleurs et rubans; et lambrequins en serge bleue avec applications jaunes.

ARMES

239. — YATAGAN à manche en ivoire garni en argent.

240. — Sabre de Dragon Louis XV à garde en fer découpé.

241. — Epée Louis XV avec poignée en cuivre ciselé.

242. — Une Lame avec garde incomplète en bronze.

243. — Epée du xvie siècle avec pommeau et quillons terminés par des boules.

244. — Epée Louis XV avec poignée en cuivre ciselé.

245. — Arc et Flèches.

246. — Pistolet Oriental.

247. — Masse d'armes en bois sculpté et cuivre.

248. — Deux Pistolets Louis XV garnis en cuivre.

249. — Lame d'épée trouvée à Vignory (Haute-Marne).

250. — Fer de Hallebarde du xvie siècle.

251-252-253-254-255-256-257. — Sept pièces Hallebardes et lances des xvie et xviie siècles.

258. — Casque à visière découpée.

259. — Poignard Espagnol avec manche en corne garni en cuivre.

260. — Petit Poignard à manche en corne.

OBJETS DIVERS

261. — Une Guitare.

262. — Chenets en cuivre du temps de Louis XIII modèle à boules et mascarons.

263. — Chenets en fer forgé à rinceaux et surmontés chacun d'une boule.

264. — Collection de monnaies de bronze de diverses époques.

265. — Lot de poteries Romaines et autres, telles que vases, amphores, etc

266. — Antiquités Romaines en cuivre, telles que fibules, agrafes, etc.

PORCELAINES

267. — Six assiettes et deux compotiers en ancienne porcelaine de l'Inde, décorés de fleurs.

268. — Une Assiette en vieux Chine à bords festonnés décor de fleurs et d'ornements.

269. — Sucrier sans couvercle en vieux Chine décor en émaux et fleurs.

270. — GRANDE CHOPE a anse, vieux Chine, décor dit à mandarins.

271. — TROIS TASSES à anse, avec soucoupes en vieux Chine, décor à rosaces, fleurs et ornements.

272. — THÉIÈRE et une soucoupe en vieux Chine, décor de fleurs.

273. — THÉIÈRE en vieux Chine, à décor de cornes d'abondance, en rouge et or.

274. — THÉIÈRE avec son couvercle en vieux Japon, à décor en bleu, rouge et or à fleurs.

275. — HUIT ASSIETTES à dessert et UN PLAT, en vieux Japon, à décor en bleu, rouge et or.

276. — NEUF ASSIETTES et un GRAND PLAT, en vieux Chine, à décor bleu, à fleurs et ornements.

277. — NEUF ASSIETTES, en vieux Chine, décor bleu, à fleurs et arbustes.

278. — COUPE, en vieux Chine, montée en bronze.

279. — DEUX JATTES, en porcelaine de Chantilly, pâte tendre, forme découpée à lobes et décor de fleurs polychromes.

180. — DEUX JATTES en vieux Sèvres 1760, décor de feuillages et rose au centre.

281. — Sept Assiettes, vieux Sèvres, à fleurs semées, bord doré, 1777-1779 et deux de 1780.

282. — Sucrier, avec son couvercle en porcelaine dure, du temps de Louis XVI, décoré de fleurs polychromes.

283. — Service de table, émail blanc, décor camaïeu lilas clair, sujets chinois, composé de :

Un grand plat long, de 41 cent. ;
Deux plats longs, 36 cent. ;
Un petit plat long, 31 cent. ;
Deux grands plats ronds, 31 cent. ;
Un plus petit, 28 cent. ;
Deux jattes carrées et plissées ;
Une Saucière.

284. — Assiette décorée d'une branche à fleurs polychromes.

285. — Assiette à rayons et guirlandes de feuillages.

286. — Assiette à tulipe polychrome.

287. — Assiette, semis de fleurs.

288. — Deux Assiettes, semées de roses et portant la devise : *Vive la joie.*

289. — Deux Assiettes creuses à figures de Chinois, polychrome.

290. — Assiettes de Nevers à décor camaïeu bleu, de style chinois, à paysage et figures.

291 — Cinq Assiettes, décorées de larges œillets polychromes.

292. — Deux Assiettes, à décor, bleues, dans le goût de Callot (Moustier).

293. — Douze Assiettes, faïence de Lorraine, cranées, bordées de rouge et œillets polychromes.

294. — Trois Assiettes, avec des oiseaux et bordure rouge.

295. — Trois Assiettes, œillet bleu et lilas Rouen.

296. — Quatre Plats, faïence ancienne, 30 cent.
Un à oiseau rouge ; deux à œillets rouges; un plus petit et à œillet rouge.

297. — Plat rond en faïence, décoré de larges fleurs roses rouges.

298. — Plat rond, décoré de fleurs.

299. — Plat rond, à bord rouge et décor de fleurs.

300. — Un Plat rond en faïence, décoré de fleurs en couleur.

301. — Plat en faïence de Strasbourg à bords festonnés, décor polychrome à fleurs.

Larg., 31 cent.

302. — Deux Plats longs, décorés de roses polychromes.

303. — Plat long, à décor de fleurs polychromes, faïence de Höchrt-sur-le-Mein, près Mayence, 1720.

Long., 34 cent.

304. — Plat long, échancré, à décor bleu Rouen.

Long., 37 cent.

305. — Plat long de Rouen, angles échancrés, jolie forme, bordure bleue et rouille.

306. — Petit Plat long, à revers brun et décor bleu au centre et au bord.

Long., 30 cent.

307. — Grand Plat de Rouen, long, et angles coupés à décor bleu, ornements au bord et motif central.

Long., 40 cent.

308-309. — Deux Plats longs, de Rouen, à festons polychromes.

Long., 40 et 38 cent.

310. — Grand Plat, de Rouen, à décor bleu au bord et trois fleurons au milieu.

Long., 48 cent.

311. — Beau Plat long, en ancienne faïence d'Aprey, à décor d'oiseaux polychromes, aussi bien traité que le Sèvres. — Décor par *Jarrey*.

Long., 38 cent.

312. — PLAT ROND à côtes, monogramme du Christ au fond, Nevers.

313. — SOUPIÈRE ronde à côtes, avec son couvercle, décor de fleurs polychromes.

314. — SOUPIÈRE Louis XV, élégante, en faïence blanche, gaufrages, à relief, forme rocaille, avec couvercle et plat.

315. — SOUPIÈRE, avec son couvercle, décor polychrome à fleurs.

316. — SOUPIÈRE oblongue, à côtes, avec son couvercle, décorée de fleurs en couleur.

317. — UNE PAIRE DE CACHE-POT, Louis XV, en faïence de Strasbourg, décorée de fleurs polychromes.

318. — DEUX BOUQUETIERS, de Rouen, de forme cintrée, à côtes, décorés de fleurs et d'ornements polychromes.

319. — JARDINIÈRE OU BOUQUETIÈRE, Louis XV, forme contournée, à deux étages, décor en camaïeu, lilas sur blanc, à fleurs.

320. — UNE PAIRE DE BOUQUETIERS, de forme cintrée, décor polychrome à fleurs.

321. — UN BOUQUETIER, simulant une commode à fond pointillé lilas.

322-323. — DEUX BOUQUETIÈRES à décor bleu.

324. — DEUX CORBEILLES à jour avec plateaux, composées d'ornements à jour et décorées de filets verts.

325. — HUILIER en faïence de Moustier, à décor en camaïeu vert, avec ses burettes en cristal taillé.

326. — UN PORTE-HUILIER avec burettes en faïence blanche, à feuillages et fleurs, gaufrés en relief.

327. — PORTE-HUILIER en vieux Moustier blanc à ornements rocaille, gaufrés et découpés.

328. — DEUX HUILIERS en faïence à décors variés.

329. — UN GROUPE EN FAÏENCE composé de trois figures et à décor polychrome.

330. — SAUCIÈRE en ancienne faïence de Delft à décor en bleu rouge, vert et or de style japonais, date de 1650.

331. — PETITE POTICHE en faïence de Nevers, à décor bleu, de style chinois.

332. — VASE en forme de balustre de même faïence et de décor analogue.

333. — VASE en forme de bouteille à pans en faïence de Nevers, à décor bleu, et manganèse monté en bronze.

334. — Cruche en faïence. Ramponneau à cheval sur son tonneau.

335. — Cruche analogne à celle qui précède.

336. — Deux Statuettes en faïence à décor polychrome. — Faucheur appuyé sur sa faux et jeune fille tenant un oiseau.

337. — Deux autres Statuettes, joueur de cornemuse et joueuse de guitare.

338. — Petit Groupe en ancienne faïence de *Bernard Palissy*. Enfant assis sur un dauphin.

339. — Buste de Voltaire en faïence blanche.

340. — Petit Buste de Diderot en terre cuite.

341. — Statuette en pierre, moine en prière.

342-343-344-345. — Quatre Encriers en faïence à décors variés.

346-347-348. – Trois Saladiers à côtes, décorés de fleurs.

349. — Cuvette Oblongue et à pans décorée de fleurs polychromes.

350. — Cruche à anse et à côtes, décorée de fleurs polychromes.

351. — SALADIER à décor bleu.

352. — DOUZE ASSIETTES décorées de roses polychromes.

353. — CINQ ASSIETTES en faïence, décor polychrome à fleurs.

354. — CINQ ASSIETTES en faïence de Strasbourg à fleurs polychromes.

355. — SIX ASSIETTES à fleurs polychromes.

356. — DEUX ASSIETTES en faïence d'Aprey, décor de fleurs.

357. — UNE ASSIETTE portant les armes de France entre deux branches de laurier.

358. — UNE ASSIETTE en faïence décorée de fleurs polychromes.

359. — SEIZE ASSIETTES en faïence à décors variés.

360. — SIX CARREAUX de faïence du XIII siècle provenant du couvent de Benoite Vaul (territoire de Busson).

VERRERIE

361. — DEUX AIGUIÈRES ESPAGNOLES en verre à filets d'émail blanc et ornements bleus.

362. — DEUX AIGUIÈRES en verre vert à long goulot.

363. — MOUTARDIER avec plateau en verre de Bohême doré.

364. — DEUX BROCS en verre incolore à côtes.

365. — LOT de dix-huit verres de Bohême de diverses grandeurs, quelques-uns gravés.

---

366. — LOT de lettres autographes.

CHAUMONT. — TYPOGRAPHIE CAVANIOL

www.ingramcontent.com/pod-product-compliance
Ingram Content Group UK Ltd.
Pitfield, Milton Keynes, MK11 3LW, UK
UKHW020355180726
13839UKWH00003B/1119

9 782329 544380